DAS ATEMBERAUBENDE FUßBALL EM 2024 MITMACHBUCH

INHALTSVERZEICHNIS

Meine Tipps...4
Was dich erwartet..5
Gesichte der Europameisterschaft..6
Die erste EURO 1960 in Frankreich..7
Entwicklung der Europameisterschaft...9
Endspiele der Europameisterschaften...11
Multinationale EURO 2020..18
Fußball kommt nach Hause..19
Die Teilnehmer..20
Die Spielphasen..22
EM Rekorde...24
Spielorte EM 2024...26
14.06.2024 EM 2024 Eröffnungsspiel..38
EM Vorrunde (Spielpläne, XXL Quiz & Fakten zu Stars)........................42
Gruppentabellen zum Ausfüllen..90
Achtelfinale...96
Viertelfinale...100
Halbfinale..102
Finale...104
Lösungen Quiz..106

MEINE TIPPS

Europameister: _____

Torschützenkönig: _____

Spieler des Turniers: _____

Tormann des Turniers: _____

Sieger der Herzen: _____

WAS DICH ERWARTET

Tauche ein in die faszinierende Welt des Fußballs mit dem atemberaubenden Fußball EM 2024 Mitmachbuch! Entwickelt, um sowohl Kinder als auch Erwachsene auf eine spannende Reise durch die UEFA-Europameisterschaft 2024 mitzunehmen, ist dieses Buch mehr als nur eine Sammlung von Seiten - es ist ein wahres Erlebnis, das die ganze Familie begeistern wird.

Was erwartet euch?

• Interaktiver Spielplan und Tippspiel: Genauer & ausführlicher Spielplan, der es dir ermöglicht, das Turnier hautnah mitzuerleben und deine Vorhersagen abzugeben.

• Fußballquiz über EM, Spieler und Mannschaften: Fußballquiz für alle Altersgruppen. Mit einer Mischung aus leichteren Fragen für Anfänger und kniffligeren Herausforderungen für Experten ist für jeden etwas dabei.

• Entdecke die faszinierende Welt des europäischen Fußballs und tauche ein in die Geschichten hinter den Teams und ihren Topstars mit unserem informativen Abschnitt über die Mannschaften und ihre Spieler

• Erfahre alles über die Regeln und Geschichte der Fußball Europameisterschaft. Glänze von Anfang an mit exzellentem Fachwissen über die EM 2024 bei deinen Freunden!

GESICHTE DER EUROPAMEISTERSCHAFT

Die UEFA-Europameisterschaft, oft auch EM oder Euro genannt, ist das wichtigste internationale Fußballturnier, an dem die besten Nationalmannschaften Europas teilnehmen. Die Idee zu diesem Turnier entstand in den 1950er Jahren auf Initiative des französischen Fußballfunktionärs Henri Delaunay. Delaunay, damals Generalsekretär der UEFA (Union of European Football Associations), träumte davon, die europäischen Fußballnationen in einem regelmäßigen Wettbewerb gegeneinander antreten zu lassen. Obwohl er 1955 verstarb, bevor sein Traum in Erfüllung ging, benannte die UEFA die Trophäe des Turniers zu seinen Ehren in Henri-Delaunay-Pokal um.

Die erste Euro 1960 in Frankreich

Die erste UEFA-Europameisterschaft, damals noch Europapokal der Nationen genannt, fand 1960 in Frankreich statt und war der Beginn eines der prestigeträchtigsten Turniere im internationalen Fußball. Insgesamt nahmen 17 Nationen teil, die sich über eine K.O.-Runde für das Endturnier qualifizieren mussten. Das Finalturnier selbst bestand aus vier Mannschaften und wurde in Frankreich ausgetragen.

Die vier Mannschaften, die sich für das Finalturnier qualifizierten, waren die Sowjetunion, Jugoslawien, die Tschechoslowakei und Frankreich. Im ersten Halbfinale besiegte die Sowjetunion die Tschechoslowakei mit 3:0, während sich Jugoslawien in einem spannenden Spiel mit 5:4 gegen Frankreich durchsetzte.

Das Endspiel fand am 10. Juli 1960 im Pariser Prinzenparkstadion statt. In einem hart umkämpften Spiel setzte sich die Sowjetunion mit 2:1 nach Verlängerung gegen Jugoslawien durch und wurde damit erster Europameister. Der sowjetische Torhüter Lew Jaschin, auch "die schwarze Spinne" genannt, spielte eine herausragende Rolle und hatte maßgeblichen Anteil am Erfolg seiner Mannschaft.

DIE ERSTE EURO 1960 IN FRANKREICH

Das Spiel um Platz drei wurde von der Tschechoslowakei mit 2:0 gegen Frankreich gewonnen, sodass die Gastgeber den vierten Platz belegten.

Die erste Europameisterschaft legte den Grundstein für das heutige Turnier, das sich seitdem zu einem der größten Sportereignisse der Welt entwickelt hat. Sie hat nicht nur spannende Spiele und neue Fußballtalente hervorgebracht, sondern auch den Zusammenhalt und die Freundschaft zwischen den europäischen Nationen durch den Sport gestärkt.

Entwicklung der Europameisterschaft

Das Format der Europameisterschaft mit vier Mannschaften im Finalturnier wurde bis 1980 beibehalten. Ab 1968 wurde die Anzahl der Mannschaften, die an der Qualifikation teilnahmen, deutlich erhöht, wodurch das Turnier wettbewerbsfähiger wurde.

1980 - Erste große Erweiterung:
Die Europameisterschaft 1980 in Italien markierte die erste große Erweiterung des Turnierformats. Zum ersten Mal nahmen acht Mannschaften an der Endrunde teil. Diese wurden in zwei Gruppen zu je vier Mannschaften aufgeteilt, wobei die Gruppensieger direkt im Finale aufeinander trafen und die Gruppenzweiten das Spiel um Platz drei austrugen.

1996 - Einführung der K.O.-Phase:
Das Turnier 1996 in England brachte eine weitere wichtige Änderung mit sich. Die Teilnehmerzahl wurde auf 16 Mannschaften verdoppelt, die in vier Gruppen zu je vier Mannschaften aufgeteilt wurden. Die beiden besten Mannschaften jeder Gruppe zogen ins Viertelfinale ein, wodurch eine längere K.O.-Runde eingeführt wurde, die das Turnier spannender und unvorhersehbarer machte.

Entwicklung der Europameisterschaft

2016 - Erweiterung auf 24 Teams:
Die letzte große Änderung fand 2016 statt, als das Turnier in Frankreich stattfand und die Teilnehmerzahl auf 24 Mannschaften erhöht wurde. Diese Teams wurden in sechs Gruppen zu je vier Mannschaften eingeteilt. Die beiden besten Mannschaften jeder Gruppe sowie die vier besten Gruppendritten qualifizierten sich für das Achtelfinale. Dieses neue Format führte zu einer längeren und intensiveren K.O.-Phase, die vom Achtelfinale über das Viertel- und Halbfinale bis zum Finale reichte.

Heutige Struktur und Bedeutung:
Die UEFA-Europameisterschaft ist heute eines der größten und prestigeträchtigsten Turniere im internationalen Fußball. Das aktuelle Format ermöglicht eine breite Beteiligung und erhöht die Chance auf Überraschungen und spannende Spiele in jeder Phase des Wettbewerbs. Die K.O.-Phase sorgt für zusätzliche Spannung, da jedes Spiel das Ende der Teilnahme am Turnier bedeuten kann.

Die Entwicklung der Europameisterschaft seit 1960 zeigt, wie das Turnier gewachsen ist und sich der steigenden Popularität und dem höheren Wettbewerbsniveau im europäischen Fußball angepasst hat. Sie ist nach wie vor ein Großereignis, das Millionen von Fans in aller Welt begeistert.

ENDSPIELE DER EUROPAMEISTERSCHAFTEN

Die Fußball-Europameisterschaften haben im Laufe der Jahre zahlreiche unvergessliche Endspiele hervorgebracht, die in die Geschichte eingegangen sind. Diese Finals boten Dramatik, Spannung und emotionale Höhepunkte, die Fans auf der ganzen Welt in ihren Bann zogen.

Deutschland konnte sich insgesamt drei Mal in den Endspielen der Fußball-Europameisterschaften als Sieger durchsetzen. Der spektakulärste Moment war Deutschlands klarer 3:0 Sieg gegen die Sowjetunion 1972 in Belgien. Die Tore von Gerd Müller (2) und Herbert Wimmer zeigten die Stärke der deutschen Mannschaft. Besonders herausragend war Gerd Müllers Leistung, der als einer der besten Stürmer seiner Zeit zwei Tore erzielte und somit den Weg für Deutschlands ersten EM-Titel ebnete.

ENDSPIELE DER EUROPAMEISTERSCHAFTEN

Aber auch das Finale von 1980 war ein spannendes Spiel, das durch den jungen Horst Hrubesch entschieden wurde. Hrubesch erzielte beide Tore für Deutschland, darunter das entscheidende 2:1 kurz vor Schluss (88. Minute).

Das Finale 1996 war besonders denkwürdig, da es das erste große Turnier war, bei dem das "Golden Goal" zur Anwendung kam. Oliver Bierhoff wurde zum Helden, als er in der Verlängerung das entscheidende Tor erzielte. Das Golden Goal zum 2:1 markierte nicht nur den Sieg für Deutschland, sondern auch einen historischen Moment im Fußball, da es die erste und einzige EM war, die auf diese Weise entschieden wurde.

ENDSPIELE DER EUROPAMEISTERSCHAFTEN

1960 IN FRANKREICH

 SOWJETUNION JUGOSLAWIEN Ergebnis **2 : 1**

🏟 PARIS 🕒 17.966

1964 IN SPANIEN

 SPANIEN SOWEJTUNION Ergebnis **2 : 1**

🏟 MADRID 🕒 79.115

1968 IN ITALIEN

 ITALIEN JUGOSLAWIEN Ergebnis **2 : 0**

🏟 ROM 🕒 68.817

1972 IN BELGIEN

 DEUTSCHLAND SOWEJTUNION Ergebnis **3 : 0**

🏟 BRÜSSEL 🕒 43.066

ENDSPIELE DER EUROPAMEISTERSCHAFTEN

1976 IN JUGOSLAWIEN

Ergebnis

 TSCHECHOSLOWAKEI DEUTSCHLAND 5 : 3

 BELGRAD   30.790

1980 IN ITALIEN

Ergebnis

 DEUTSCHLAND BELGIEN 2 : 1

 ROM 47.860

1984 IN FRANKREICH

Ergebnis

 FRANKREICH SPANIEN 2 : 0

 PARIS 47.368

1988 IN DEUTSCHLAND

Ergebnis

 NIEDERLANDE SOWJETUNION 2 : 0

 MÜNCHEN 62.770

ENDSPIELE DER EUROPAMEISTERSCHAFTEN

1992 IN SCHWEDEN

		Ergebnis
DÄNEMARK	DEUTSCHLAND	2 : 0

GÖTEBORG 37.800

1996 IN ENGLAND

		Ergebnis
DEUTSCHLAND	TSCHECHIEN	2 : 1

LONDON 73.611

2000 IN BELGIEN/NIEDERLANDE

		Ergebnis
FRANKREICH	ITALIEN	2 : 1

ROTTERDAM 48.200

2004 IN PORTUGAL

		Ergebnis
GRIECHENLAND	PORTUGAL	1 : 0

LISSABON 46.679

ENDSPIELE DER EUROPAMEISTERSCHAFTEN

2008 in Österreich/Schweiz

 SPANIEN DEUTSCHLAND   Ergebnis 1 : 0

 WIEN   51.428

2012 in Polen/Ukraine

 SPANIEN ITALIEN   Ergebnis 4 : 0

 KIEW   63.170

2016 in Frankreich

 PORTUGAL FRANKREICH   Ergebnis 1 : 0

 PARIS   75.868

2021 in Europa

 ITALIEN ENGLAND   Ergebnis 3 : 2

 LONDON   67.173

Multinationale Euro 2020

Das ursprünglich für 2020 geplante Turnier wurde aufgrund der COVID-19-Pandemie um ein Jahr verschoben. Die Entscheidung, die EM 2020 (offiziell UEFA Euro 2020) auf 2021 zu verschieben, war notwendig, um die Sicherheit und Gesundheit der Spieler, Offiziellen und Fans zu gewährleisten.

Ein weiteres Alleinstellungsmerkmal dieser Europameisterschaft war das Turnierformat. Anlässlich des 60-jährigen Jubiläums der UEFA-Europameisterschaften beschloss die UEFA, das Turnier in 11 verschiedenen Städten in ebenso vielen Ländern auszutragen. Damit sollte die Einheit und Vielfalt Europas gefeiert und noch mehr Fans die Möglichkeit gegeben werden, an diesem großen Fußballfest teilzunehmen. Die ausgewählten Städte waren London, Glasgow, Dublin, Amsterdam, Kopenhagen, St. Petersburg, München, Budapest, Baku, Rom und Sevilla.

Das Finale der Europameisterschaft 2021 wird am 11. Juli 2021 im legendären Wembley-Stadion in London stattfinden. Dieses ikonische Stadion, das schon viele denkwürdige Fußballmomente erlebt hat, bot den perfekten Rahmen für das Finale. Das Spiel zwischen Italien und England war ein packendes Kräftemessen. Italien gewann das Finale nach einem spannenden 1:1-Unentschieden in der regulären Spielzeit und einer Verlängerung im Elfmeterschießen mit 3:2.

FUSSBALL KOMMT NACH HAUSE

Nach der letzten großen Fußballveranstaltung dem "Sommermärchen" in Deutschland, wird uns in diesem Jahr zu Hause wieder in spannenden vier Wochen das Fußballfieber packen. Die Weltmeisterschaft 2006, die unter dem Motto "Die Welt zu Gast bei Freunden" stand und durch spektakuläre Spiele und eine unvergleichliche Atmosphäre glänzte, war das letzte große Fußballevent in Deutschland. Dieses Turnier hinterließ bleibende Erinnerungen an gastfreundliche Deutsche und eine unvergessliche Fußballparty.

Die Europameisterschaft 2024 ist erst das zweite Mal, dass Deutschland dieses prestigeträchtige Turnier ausrichtet. Das erste Mal war 1988, als die Bundesrepublik Deutschland die EM veranstaltete. Nun, 36 Jahre später, kehrt die EM zurück in ein Land, das für seine Liebe und Leidenschaft für den Fußball bekannt ist. Die Wiederkehr dieses Turniers nach Deutschland verspricht, die reichen Traditionen und die Begeisterung des deutschen Fußballs erneut zu feiern.

Das Eröffnungsspiel der EM 2024 wird am 14. Juni 2024 in der ikonischen Allianz Arena in München stattfinden. Es begegnen sich am 14. Juni um 21:00 Uhr das Gastgeberland Deutschland und Schottland im Stadion mit der modernsten Beleuchtung der EM.

DIE TEILNEHMER

Die UEFA-Europameisterschaft 2024 verspricht ein spannendes Turnier zu werden, bei dem die besten Nationalmannschaften Europas um den prestigeträchtigen Titel kämpfen werden. Um als Fan optimal auf das Turnier vorbereitet zu sein, ist es wichtig, die Regeln und das Format der Europameisterschaft 2024 zu verstehen.

Die Qualifikation:

Die Qualifikationsphase für die EM 2024 begann im März 2023 und endete im November 2023. Insgesamt nahmen 53 europäische Nationen an der Qualifikation teil. Die Mannschaften wurden in zehn Gruppen eingeteilt - sieben Gruppen mit fünf Mannschaften und drei Gruppen mit sechs Mannschaften. Die beiden besten Mannschaften jeder Gruppe qualifizierten sich direkt für das Finalturnier, so dass insgesamt 20 Mannschaften teilnahmen.

Playoffs:

Zusätzlich zu den direkt qualifizierten Mannschaften wurden die letzten drei Plätze über die Play-offs der UEFA Nations League vergeben. 12 Mannschaften, die ihre Gruppe in der Nations League gewonnen hatten oder zu den besten Zweitplatzierten gehörten, die sich nicht direkt qualifiziert hatten, spielten in den Play-offs im März 2024 um die letzten drei Startplätze.

DIE TEILNEHMER

Nun sind es dann insgesamt 23 qualifizierte Mannschaften. Deutschland hat als Gastgeber der Europameisterschaft natürlich einen festen Startplatz, so dass man auf 24 Mannschaften kommt.

Endturnier:
Das Endturnier der EM 2024 in Deutschland besteht aus 24 Mannschaften. Diese werden in sechs Gruppen zu je vier Mannschaften aufgeteilt.

DIE SPIELPHASEN

Gruppenphase:
Die Gruppenphase beginnt mit dem Eröffnungsspiel am 14. Juni 2024 in der Allianz Arena in München und endet am 26. Juni 2024. In dieser Phase spielt jede Mannschaft einmal gegen jede andere Mannschaft in ihrer Gruppe, was insgesamt drei Spiele pro Team bedeutet. Die Mannschaften erhalten drei Punkte für einen Sieg, einen Punkt für ein Unentschieden und keinen Punkt für eine Niederlage.

K.-o.-Phase:
Die K.-o.-Phase beginnt mit dem Achtelfinale und umfasst die besten 16 Teams des Turniers. Die folgenden Teams qualifizieren sich für das Achtelfinale:

Die Gruppenersten und Gruppenzweiten (12 Mannschaften).
Die vier besten Drittplatzierten aus den sechs Gruppen.
Das Weiterkommen der besten Drittplatzierten wird anhand ihrer Punktezahl, Tordifferenz und der Anzahl der erzielten Tore bestimmt. Falls diese Kriterien nicht ausreichen, um einen Unentschieden zu brechen, kommen weitere Kriterien wie die Fair-Play-Wertung oder das Los zum Einsatz.

DIE SPIELPHASEN

Ablauf der K.-o.-Phase:

Achtelfinale: Die 16 qualifizierten Teams spielen in einem K.-o.-System, wobei die Sieger ins Viertelfinale einziehen.

Viertelfinale: Die acht Siegerteams aus dem Achtelfinale treten gegeneinander an, und die Gewinner erreichen das Halbfinale.

Halbfinale: Die vier verbleibenden Teams kämpfen um einen Platz im Finale.

Finale: Das Endspiel findet am 14. Juli 2024 im Olympiastadion in Berlin statt. Der Sieger dieses Spiels wird zum Europameister gekrönt.

Die EM 2024 verspricht, ein aufregendes Turnier zu werden, das durch das bewährte Format und die Teilnahme der besten Mannschaften Europas für Hochspannung sorgt. Die Regeln und der Ablauf des Turniers sind darauf ausgelegt, den Fans in ganz Europa und weltweit ein erstklassiges Fußballerlebnis zu bieten.

EM TORE REKORD

Name	Land	Spiele	Tore
Cristiano Ronaldo	Portugal	25	14
Michel Platini	Frankreich	5	9
Alan Shearer	England	9	7
Antoine Griezmann	Frankreich	11	7
Ruud van Nistelrooy	Niederlande	8	6

EM SPIELE REKORD

Name			
Cristiano Ronaldo			
Joa Moutinho & Pepe	Portugal	4	
Leonardo Bonucci	Italien	3	18
Bastian Schweinsteiger	Deutschland	4	18
Gianlugi Buffon & Giorgio Chiellini	Italien	4	17

SPIELORTE EM 2024

Die Europameisterschaft 2024 verspricht ein spektakuläres Fest zu werden, das in ganz Deutschland gefeiert wird. Das Turnier wird in zehn beeindruckenden Stadien in zehn verschiedenen Städten ausgetragen, von denen jedes seine eigene Geschichte und Atmosphäre hat. Hier erfahren Sie mehr über die außergewöhnlichen Spielstätten, die die EM 2024 zu einem unvergesslichen Erlebnis machen werden.

Jeder der zehn Spielorte wird eine entscheidende Rolle dabei spielen, die EM 2024 zu einem außergewöhnlichen Turnier zu machen. Von der Eröffnung in der glamourösen Allianz Arena bis zum großen Finale im ehrwürdigen Olympiastadion können sich die Fans auf spannende Spiele in beeindruckenden Stadien freuen, die die Vielfalt und Fußballbegeisterung Deutschlands widerspiegeln. Tauchen Sie ein in die faszinierende Welt der EM 2024 und erleben Sie unvergessliche Momente an diesen außergewöhnlichen Spielorten!

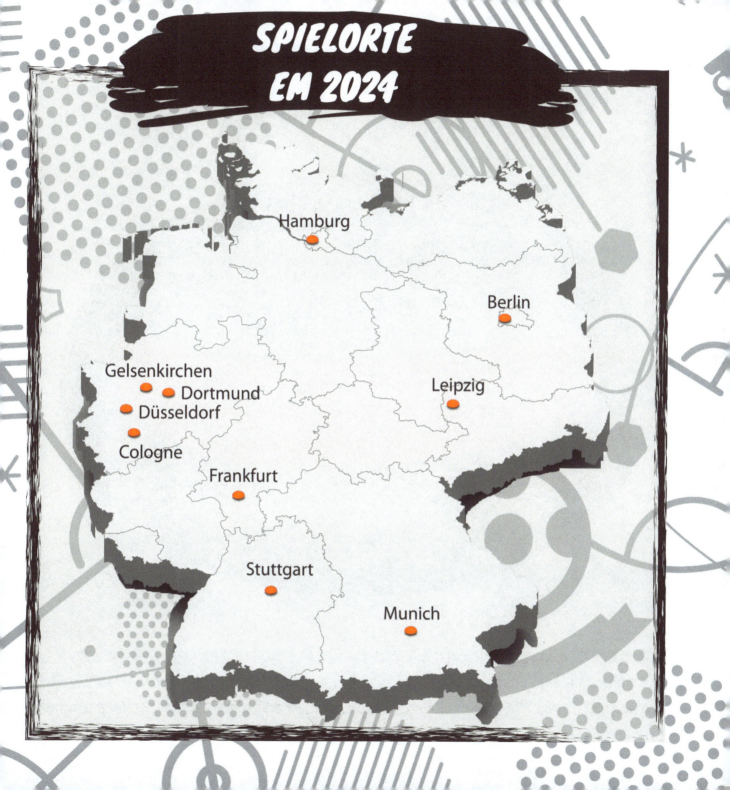

ALLIANZ ARENA

Das Eröffnungsspiel der Euro 2024 findet in der Allianz Arena statt, die für ihre beeindruckende leuchtende Außenfassade bekannt ist. Das hochmoderne Stadion mit einer Kapazität von 75.000 Zuschauern bietet eine unvergleichliche Atmosphäre und hat sich als Austragungsort zahlreicher internationaler Turniere bewährt.

OLYMPIASTADION

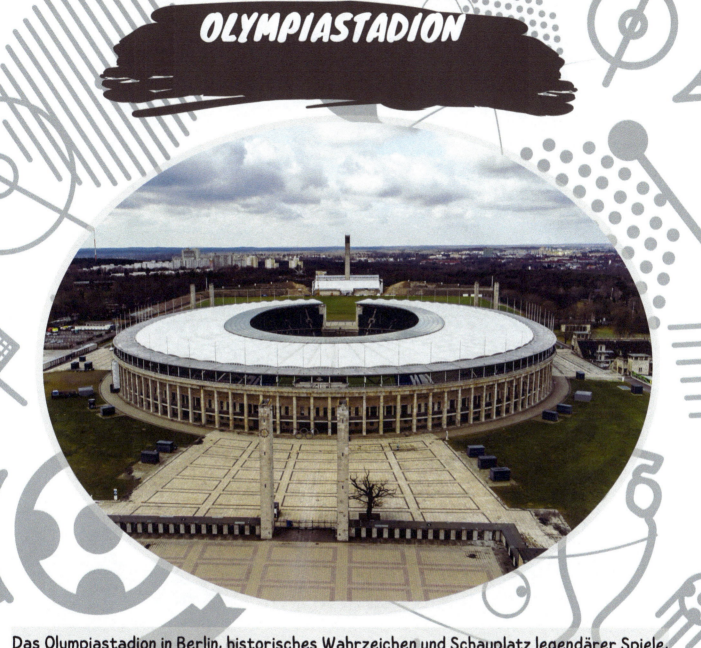

Das Olympiastadion in Berlin, historisches Wahrzeichen und Schauplatz legendärer Spiele, wird das Finale der Europameisterschaft 2024 austragen. Mit einem Fassungsvermögen von 74.475 Zuschauern und seiner majestätischen Architektur bietet es die perfekte Kulisse für das wichtigste Spiel des Turniers.

VELTINS ARENA

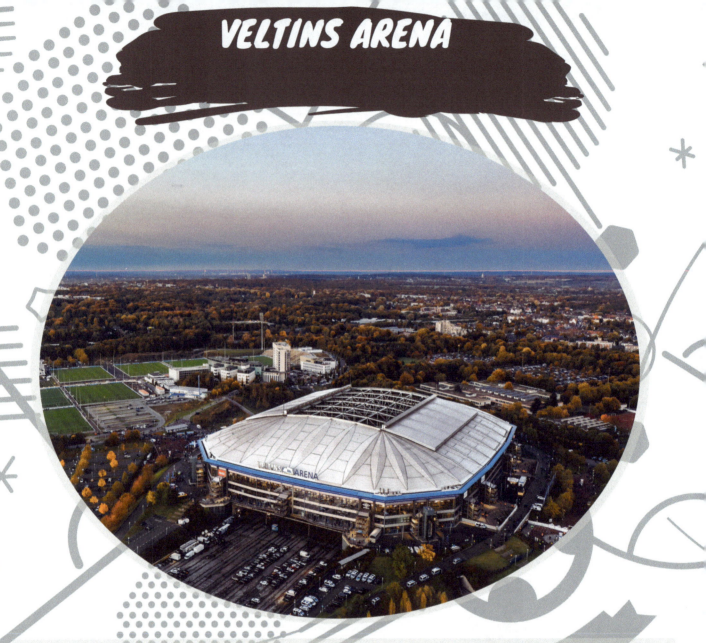

Die Veltins-Arena in Gelsenkirchen, bekannt für ihr einzigartiges Schiebedach und den ausfahrbaren Rasen, bietet 62.271 Zuschauern Platz. Das multifunktionale Stadion wird für seine moderne Infrastruktur und die hervorragende Sicht auf das Spielfeld geschätzt.

SINGAL INDUA PARK

Der Signal Iduna Park, Heimat von Borussia Dortmund, ist bekannt für seine unglaubliche Atmosphäre und seine leidenschaftlichen Fans. Mit einem Fassungsvermögen von über 81.000 Zuschauern ist es eines der größten Stadien Europas und wird sicherlich für eine elektrisierende Stimmung sorgen.

DEUTSCHE BANK PARK

Der Deutsche Bank Park in Frankfurt bietet 51.500 Zuschauern Platz und verbindet modernes Design mit hervorragender Akustik für eine unvergleichliche Atmosphäre. Das Stadion ist ein weiterer zentraler Austragungsort des Turniers.

MERKUR SPIEL ARENA

Die Merkur Spiel-Arena in Düsseldorf bietet Platz für 54.600 Zuschauer und besticht durch ihre multifunktionale Nutzung und das verschließbare Dach. Das Stadion ist ideal für große Turniere und bietet eine fantastische Kulisse für spannende Spiele.

VOLKSPARKSTADION HAMBURG

Das Volksparkstadion in Hamburg mit seiner langen Fußballtradition und einem Fassungsvermögen von 57.000 Zuschauern ist ein weiterer emblematischer Spielort. Es ist bekannt für seine leidenschaftliche Atmosphäre und wird während der EM 2024 sicherlich ein Hotspot für Fußballfans sein.

RED BULL ARENA

Die Red Bull Arena in Leipzig fasst 42.959 Zuschauer und ist eines der modernsten Stadien Deutschlands. Sie bietet hervorragende Sicht und eine intime Atmosphäre, die die Zuschauer ganz nah ans Geschehen bringt.

MERCEDES-BENZ ARENA

Die Mercedes-Benz Arena in Stuttgart bietet 60.449 Zuschauern Platz und ist bekannt für ihre architektonische Eleganz und die tolle Atmosphäre während der Spiele. Das Stadion blickt auf eine lange Fußballgeschichte zurück und wird eine wichtige Spielstätte für die EM 2024 sein.

RHEIN ENERGIE STADION

Das 50.000 Zuschauer fassende RheinEnergieStadion in Köln ist bekannt für seine tolle Atmosphäre und seine begeisterungsfähigen Fans. Es ist ein traditionsreiches Stadion mit vielen unvergesslichen Fußballmomenten.

14.06.2024
EM 2024 ERÖFFNUNGSSPIEL

Heute Abend ist es endlich soweit: Die Fußball-Europameisterschaft 2024 beginnt mit einem spannenden Eröffnungsspiel, das Fans auf der ganzen Welt in Atem halten wird. Um 21 Uhr trifft Deutschland in der Münchner Allianz Arena auf Schottland. Die Erwartungen sind hoch und die Stimmung in der Stadt elektrisiert, denn die deutsche Mannschaft eröffnet das Turnier vor heimischem Publikum.

Das letzte Aufeinandertreffen zwischen Deutschland und Schottland fand in der Qualifikation zur Europameisterschaft 2016 statt. Damals trafen die beiden Mannschaften in der Gruppe D aufeinander. In einem hart umkämpften Spiel setzte sich Deutschland knapp mit 3:2 durch.

Quiz:

Wie oft wurde Deutschland bereits Europameister?

- ◯ 2 mal
- ◯ 3 mal
- ◯ 4 mal

MANUEL NEUER

Neuer's berühmter Reklamierarm im Fokus

Manuel Neuer ist einer der besten Torhüter der Fußballgeschichte. Er ist bekannt für seinen „Reklamierarm". Das ist sein Markenzeichen. Es ist zu einem festen Bestandteil seines Spiels und seiner Persönlichkeit auf dem Platz geworden. Manchmal sieht man ihn mit erhobenem Arm, wie er energisch gestikuliert und seine Position verteidigt.

Neuer begann bei Schalke 04. Dort wurde schnell erkannt, dass er ein großes Talent ist. In der Saison 2006/07 half er Schalke, den zweiten Platz in der Bundesliga zu erreichen.

2011 wechselte Neuer zu Bayern München. Dort wurde er immer besser und gewann viele Titel. Mit Bayern gewann er viele Bundesliga-Titel, DFB-Pokal-Siege und mehrfach die UEFA Champions League. Besonders bemerkenswert ist das Triple in den Saisons 2012/13 und 2019/20. Mit dem DFB-Team gewann er sogar 2014 in Brasilien die Fifa Weltmeisterschaft. Auch wegen seinen unglaublichen Paraden im Finalspiel gewann er sogar den "Goldenen Handschuh" in der WM.

QUIZ FRAGEN

Welchen Spitznamen hat Manuel Neuer aufgrund seiner Spielweise als mitspielender Torwart erhalten?

- ○ The Wall
- ○ The Spider
- ○ The Coat
- ○ Sweeper Keeper

Welchen Spitznamen hat Manuel Neuer aufgrund seiner Spielweise als mitspielender Torwart erhalten?

- ○ Ballon d'Or
- ○ Deutscher Fußball-Botschafter
- ○ FIFA Welttorhüter des Jahers
- ○ UEFA Bester Torhüter der Saison

In welchem Jahr wurde Manuel Neuer zum Kapitän der deutschen Nationalmannschaft ernannt?

- ○ 2010
- ○ 2016
- ○ 2012
- ○ 2014

EM 2024
ERÖFFNUNGSSPIEL

GRUPPE A

 DEUTSCHLAND   **SCHOTTLAND**

Tipp

 MÜNCHEN   **21:00 UHR**

Ergebnis

15.06.2024

Es gibt viele Rekorde bei der UEFA Europameisterschaft. Aber mehrere Europameisterschaften hintereinander gewinnen ist eine wahre Meisterleistung.

Quiz:

Welches Team hält den Rekord für die längste Serie von aufeinanderfolgenden Europameisterschaftssiegen?

- ○ Deutschland
- ○ Spanien
- ○ Frankreich
- ○ Italien

Die "Azzurri" Italien

Italiens glorreiche Fussballgeschichte und Europameisterschaftstriumphe

Italien hat zweimal die UEFA-Europameisterschaft gewonnen. Der erste Sieg kam 1968, als Italien das Turnier zu Hause ausrichtete. Im Finale spielten sie gegen Jugoslawien. Nach einem 1:1 im ersten Spiel gab es ein Wiederholungsspiel. Italien gewann 2:0. Das war der erste große internationale Titel für die Italiener. Damit legten sie den Grundstein für zukünftige Erfolge.

Der zweite Titel kam 2020. Italien hat die Fußballwelt erneut überrascht. Das Team spielte unter Trainer Roberto Mancini einen guten Fußball und gewann das Turnier. Im Finale gewann Italien gegen England im Elfmeterschießen. Das Spiel ging nach Verlängerung 1:1 aus. Dieser Sieg machte Italien nach 53 Jahren wieder zu einem der besten europäischen Teams.

Italien ist für seine starke Defensive bekannt. Die „Catenaccio"-Taktik, die in den 1960er Jahren populär wurde, betont eine solide Verteidigung und schnelle Konterangriffe. Neben der starken Defensive hat Italien auch immer wieder herausragende Torhüter hervorgebracht.

QUIZ FRAGEN

In welchem Jahr trug die italienische Nationalmannschaft erstmals das blaue Trikot, das ihnen den Spitznamen "Azzurri" einbrachte?

- 1908
- 1934
- 1911
- 1923

Welcher italienische Torhüter hielt 2020 den Rekord für die meisten Länderspiele für die italienische Nationalmannschaft?

- Dino Zoff
- Walter Zenga
- Gianluigi Buffon
- Gianluigi Donnarumma

Gegen welche Mannschaft hat Italien im Finale der UEFA Europameisterschaft 2020 gewonnen?

- England
- Portugal
- Deutschland
- Spanien

GRUPPENSPIELE

GRUPPE A

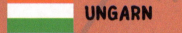 UNGARN   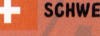 SCHWEIZ

KÖLN 15:00 UHR

Tipp :

Ergebnis :

GRUPPE B

 SPANIEN   KROATIEN

BERLIN 18:00 UHR

Tipp :

Ergebnis :

GRUPPE B

 ITALIEN   ALBANIEN

DORTMUND 21:00 UHR

Tipp :

Ergebnis :

16.06.2024

Die erste Europameisterschaft hatte nur ein Finalturnier mit 4 Mannschaften und hat sich danach immer stetig erweitert. 1996 waren es z.B. schon 16 Mannschaften.

Quiz:

In welchem Jahr fand die erste UEFA Europameisterschaft mit einer erweiterten Teilnehmerzahl von 16 auf 24 Mannschaften statt?

- 2008
- 2012
- 2016
- 2020

HARRY KANE

MEISTER DER TORJÄGERKUNST

Harry Kane, geboren am 28. Juli 1993 in London begann seine Fußballkarriere bei Tottenham Hotspur. Schon als Jugendlicher zeigte er großes Talent. Sein Weg zum Erfolg war nicht einfach. Er wurde ausgeliehen, um Spielpraxis zu sammeln. Stationen waren Leyton Orient, Millwall, Norwich City und Leicester City.

Nach seiner Rückkehr zu Tottenham in der Saison 2014/15 erzielte Kane 31 Tore. Harry damals schnell ein wichtiger Spieler für die Spurs, hat seitdem viele Tore geschossen und ist mehrfacher Torschützenkönig der Premier League.

Harry Kane ist nicht nur ein Star bei Tottenham Hotspur, sondern auch der Kapitän der englischen Nationalmannschaft. Diese Rolle übernahm er offiziell im Jahr 2018 und erreichte mit England das Halbfinale der FIFA-WM 2018 in Russland. Kane selbst gewann den Goldenen Schuh als bester Torschütze des Turniers.

Sein größter Erfolg mit der Nationalmannschaft war bei der UEFA EURO 2020. England verlor das Finale im Elfmeterschießen gegen Italien.

QUIZ

In welchem Jahr debütierte Harry Kane in der Premier League für Tottenham Hotspur?

- ○ 2012
- ○ 2013
- ○ 2014
- ○ 2015

Für welche Jugendakademie spielte Harry Kane, bevor er zu Tottenham Hotspur wechselte?

- ○ Arsenal
- ○ Crystal Palace
- ○ Chelsea
- ○ West Ham United

Wie heißt die Stiftung, die Harry Kane ins Leben gerufen hat?

- ○ Harry Kane Trust
- ○ Kane Kids Foundation
- ○ Harry Kane Foundation
- ○ Kane Family Foundation

GRUPPENSPIELE

GRUPPE D

POLEN : **NIEDERLANDE**
🏟 HAMBURG 🕐 15:00 UHR

Tipp: ☐ : ☐
Ergebnis: ☐ : ☐

GRUPPE C

SLOWENIEN : **DÄNEMARK**
🏟 STUTTGART 🕐 18:00 UHR

Tipp: ☐ : ☐
Ergebnis: ☐ : ☐

GRUPPE C

SERBIEN : **ENGLAND**
🏟 GELSENKIRCHEN 🕐 21:00 UHR

Tipp: ☐ : ☐
Ergebnis: ☐ : ☐

17.06.2024

Die Europameisterschaft ist mehr als nur ein Fußballturnier. Sie ist ein Fest, bei dem Menschen aus verschiedenen Ländern und Kulturen zusammenkommen, um Fußball zu feiern. Während der Spiele sind die Stadien und Fanzonen voll mit Fans, die ihre Teams anfeuern.

Quiz:

In welchem Jahr fand die erste UEFA-Europameisterschaft statt?

- ○ 1956
- ○ 1960
- ○ 1964
- ○ 1968

DER PERFEKTE MIX AUS TEMPO UND TECHNIK

KYLIAN MBAPPÉ

Kylian Mbappé, geboren am 20. Dezember 1998 in Bondy, einem Vorort von Paris startete seine Karriere in der Jugendakademie von AS Bondy. Schon bald wechselte er zur renommierten Jugendakademie von Clairefontaine, die viele französische Fußballstars hervorgebracht hat.

Von dort aus führte sein Weg zu AS Monaco, wo er im Alter von nur 16 Jahren sein Debüt in der 1. Mannschaft gab. Mbappé wurde schnell zu einem Schlüsselspieler und half dem Team, 2017 die Ligue 1 zu gewinnen, indem er 15 Tore erzielte.

Im Sommer 2017 wechselte Mbappé zu Paris Saint-Germain (PSG). Er wurde einer der teuersten Transfers der Fußballgeschichte. Bei PSG hat Mbappé viele Titel gewonnen, darunter mehrere Meisterschaften und Pokale. Er wurde mehrfach als bester Spieler der Ligue 1 ausgezeichnet.

Kylian Mbappé ist nicht nur auf Vereinsebene erfolgreich. Sein größter Erfolg war der Weltmeistertitel bei der WM 2018 in Russland. Er hat vier Tore geschossen, darunter eins im Finale gegen Kroatien. Er wurde zum besten jungen Spieler des Turniers gekürt. Mit 19 Jahren war er der jüngste französische Torschütze in einem WM-Finale seit Pelé 1958.

QUIZ

Welches Tor erzielte Kylian Mbappé im Finale der FIFA-Weltmeisterschaft 2018 gegen Kroatien?

◯ Das erste Tor
◯ Das vierte Tor
◯ Das zweite Tor
◯ Das dritte Tor

Gegen welchen Verein erzielte Kylian Mbappé sein erstes Champions-League-Tor?

◯ Real Madrid
◯ Bayern München
◯ Borussia Dortmund
◯ Manchester City

Wie alt war Kylian Mbappé, als er sein erstes Tor für die französische Nationalmannschaft erzielte?

◯ 17 Jahre
◯ 20 Jahre
◯ 18 Jahre
◯ 19 Jahre

18.06.2024

Die Torschützenkönige der UEFA-Europameisterschaften sind eine Gruppe von richtig guten Fußballspielern, die durch ihre Torjägerqualitäten Geschichte geschrieben haben. Jeder von ihnen hat bei einem der wichtigsten Turniere im internationalen Fußball mitgespielt.

Quiz:

Wer hält den Rekord für die meisten Tore in der Geschichte der UEFA Europameisterschaft?

- ◯ Cristiano Ronaldo
- ◯ Michael Platini
- ◯ Alan Shearer
- ◯ Antoine Griezmann

DIE TÜRKEI

STOLZ UND LEIDENSCHAFT AUF EUROPAS BÜHNE

Die türkische Fußballnationalmannschaft ist bekannt für ihre leidenschaftlichen Fans und ihren unerschütterlichen Teamgeist. Obwohl die Türkei nicht zu den traditionellen Fußballmächten Europas zählt, hat sie mehrfach bewiesen, dass sie in der Lage ist, gegen die Besten zu bestehen und sensationelle Leistungen zu vollbringen.

Die Türkei nahm erstmals 1996 an einer Europameisterschaft teil, aber es war die UEFA Euro 2000, die ihren Durchbruch markierte. In diesem Turnier erreichte die türkische Mannschaft erstmals das Viertelfinale und zeigte eine beeindruckende Leistung gegen einige der stärksten Teams Europas.

Der Höhepunkt der türkischen EM-Geschichte kam im Jahr 2008. Unter der Führung des charismatischen Trainers Fatih Terim und mit Spielern wie Tuncay Şanlı, Nihat Kahveci und Arda Turan erlebte die Welt einen der dramatischsten und aufregendsten Läufe eines Außenseiters in der Geschichte des Turniers. Im Viertelfinale gegen Kroatien hat die Türkei in der 120. Minute ausgeglichen und dann das Elfmeterschießen gewonnen. Damit war der Weg ins Halbfinale geebnet.

QUIZ FRAGEN

Welcher Spieler erzielte das entscheidende Tor für die türkische Nationalmannschaft im Viertelfinale der UEFA Euro 2008 gegen Kroatien, dass sie ins Elfmeterschießen brachte?

- ○ Tuncay Şanlı
- ○ Hamit Altıntop
- ○ Nihat Kahveci
- ○ Arda Turan

Wer ist der Rekordtorschütze der türkischen Nationalmannschaft?

- ○ Hakan Şükür
- ○ Emre Belözoğlu
- ○ Tuncay Şanlı
- ○ Burak Yılmaz

Bei welcher Europameisterschaft erzielte die türkische Nationalmannschaft ihr bestes Ergebnis nach 2008?

- ○ 2012
- ○ 2004
- ○ 2016
- ○ 2000

GRUPPENSPIELE

GRUPPE F

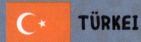 **TÜRKEI**   **GEORGIEN**

 DORTMUND   18:00 UHR

Tipp
 : ☐

Ergebnis
☐ : ☐

GRUPPE F

 PORTUGAL   **TSCHECHIEN**

 LEIPZIG   21:00 UHR

Tipp
 : ☐

Ergebnis
 : ☐

19.06.2024

Die UEFA Euro 2020 stellte einige neue Rekorde auf.

Sie war die erste Europameisterschaft, die in 11 verschiedenen Städten in 11 verschiedenen Ländern ausgetragen wurde. Das war ein einmaliges Format zur Feier des 60-jährigen Jubiläums des Turniers.

Meiste Tore in einem Turnier: Die Euro 2020 hatte insgesamt 142 Tore. Das ist Rekord für die meisten Tore in einem einzigen Europameisterschaftsturnier. Bisher hatte die Euro 2016 108 Tore.

Höchste Zuschauerzahl seit der Pandemie: Es kamen 67.000 Zuschauer zum Finale ins Wembley Stadion

Quiz:

Doch welchen Rekord stellte die UEFA Euro 2020 noch auf?

- ○ Die meisten roten Karten bei einer EM
- ○ Die meisten Eigentore bei einer EM
- ○ Die meisten Elfmeter bei einer EM

THOMAS MÜLLER

DER MEISTER DES RAUMDEUTENS UND SPIELINTELLIGENZ

Thomas Müller, eine der faszinierendsten Persönlichkeiten im modernen Fußball, ist weit mehr als nur ein herausragender Spieler. Der deutsche Fußballer wurde am 13.09.1989 in Weilheim in Oberbayern geboren. Sein einzigartiger Spielstil und seine charismatische Art haben ihm den Spitznamen "Raumdeuter" eingebracht. Der Begriff "Raumdeuter" wurde von Müller selbst erfunden und beschreibt seine spezielle Fähigkeit, sich intelligent und effizient im Raum zu bewegen, Lücken zu finden und zu nutzen, die andere Spieler oft übersehen.

Müller hat viele Titel gewonnen und wurde ausgezeichnet. Zu seinen größten Erfolgen zählen. Er war ein wichtiger Spieler der deutschen Nationalmannschaft, die 2014 Weltmeister in Brasilien wurde. Er schoss fünf Tore im Turnier und wurde als einer der besten Spieler ausgezeichnet.

Mit dem FC Bayern München hat Müller dreimal die UEFA Champions League gewonnen (2013, 2020, 2023). Besonders beeindruckend war der Sieg 2013, als Bayern das Triple aus Meisterschaft, Pokal und Champions League gewann. Auch 11 Meisterschaften und sechs DFB-Pokalsiege holte er mit den Bayern.

QUIZ
FRAGEN

Thomas Müller hält den Rekord für die meisten Torvorlagen in der UEFA Champions League die es je gab. Wie viele Torvorlagen waren es ?

- ○ 7
- ○ 13
- ○ 9
- ○ 11

Gegen welches Team erzielte Thomas Müller sein erstes Länderspieltor für die deutsche Nationalmannschaft?

- ○ Frankreich
- ○ Argentinien
- ○ Italien
- ○ Belgien

In welchem Jahr debütierte Thomas Müller in der ersten Mannschaft des FC Bayern München?

- ○ 2006
- ○ 2009
- ○ 2007
- ○ 2008

GRUPPENSPIELE

GRUPPE B

 KROATIEN — ALBANIEN
🏟 HAMBURG 🕒 15:00 UHR

Tipp: ☐ : ☐
Ergebnis: ☐ : ☐

GRUPPE A

 DEUTSCHLAND — UNGARN
🏟 STUTTGART 🕒 18:00 UHR

Tipp: ☐ : ☐
Ergebnis: ☐ : ☐

GRUPPE A

 SCHOTTLAND — SCHWEIZ
🏟 KÖLN 🕒 21:00 UHR

Tipp: ☐ : ☐
Ergebnis: ☐ : ☐

20.06.2024

Die 9. Fußball-Europameisterschaft fand vom 10. bis 26. Juni 1992 in Schweden statt. Schweden war Gastgeber und automatisch qualifiziert. Jugoslawien wurde trotz erfolgreicher Qualifikation aufgrund des Balkankonflikts aus dem Turnier genommen.

Quiz:

Welches Land gewann die UEFA Europameisterschaft 1992 durch einen überraschenden Sieg, nachdem es kurzfristig für Jugoslawien einspringen musste?

- ○ Schweden
- ○ Dänemark
- ○ Island
- ○ Italien

DIE LA ROJA SPANIEN

SPANIENS DOMINANZ IM WELTFUSSBALL

Die spanische Nationalmannschaft ist eine der erfolgreichsten und angesehensten Fußballmannschaften der Welt. Sie spielt technisch versiert, hat viel Ballbesitz und ein präzises Passspiel. Dieses wird oft als „Tiki-Taka" bezeichnet. Die spanische Nationalmannschaft hat eine besondere Spielweise. Sie spielt kurze Pässe und bewegt sich viel. Dadurch hat Spanien viele Erfolge gehabt.

Der größte Erfolg war der Sieg bei der UEFA Europameisterschaft 1964. Danach hatte Spanien lange keinen Erfolg. In den 2000er Jahren wurde Spanien wieder erfolgreich. Der Höhepunkt dieser Zeit war der Sieg bei der UEFA Europameisterschaft 2008. Dieser Erfolg wurde 2010 bei der FIFA Weltmeisterschaft in Südafrika fortgesetzt. Spanien gewann den Weltmeistertitel.

Das Team gewann 2012 erneut die UEFA Europameisterschaft und wurde damit das erste Land, das drei aufeinanderfolgende große Turniere gewann. Diese Erfolge festigten Spaniens Ruf als eine der besten Mannschaften in der Geschichte des Fußballs.

QUIZ

Welcher spanische Spieler hält den Rekord für die meisten Länderspieleinsätze für die Nationalmannschaft?

- ○ Sergio Ramos
- ○ Xavi
- ○ Iker Casillas
- ○ Sergio Busquets

Welcher spanische Spieler erzielte die meisten Tore für die Nationalmannschaft?

- ○ Raul
- ○ Alvaro Morata
- ○ Fernando Torres
- ○ David Villa

Gegen welche Mannschaft gewann Spanien das Finale der UEFA Nations League 2023?

- ○ Serbien
- ○ Frankreich
- ○ Kroatien
- ○ Deutschland

GRUPPENSPIELE

GRUPPE C

 SLOWENIEN SERBIEN

 MÜNCHEN 15:00 UHR

Tipp

:

Ergebnis

:

GRUPPE C

 DÄNEMARK ENGLAND

 FRANKFURT 18:00 UHR

Tipp

:

Ergebnis

:

GRUPPE B

 SPANIEN ITALIEN

 GELSENKIRCHEN 21:00 UHR

Tipp

:

Ergebnis

:

21.06.2024

Die UEFA-Europameisterschaft 2000 fand in Belgien und den Niederlanden statt und war das erste Turnier, das von zwei Ländern gemeinsam ausgerichtet wurde. Sie wurde durch ein Golden Goal entschieden.

Quiz:

Wer wurde als bester Spieler der UEFA-Europameisterschaft 2000 ausgezeichnet?

○ Zinedine Zidane
○ Francesco Totti
○ Luís Figo
○ Patrick Kluivert

MEISTER DER VERTEIDIGUNG UND FÜHRUNGSIKONE

VIRGIL VAN DIJK

Virgil van Dijk wurde am 8. Juli 1991 in Breda geboren. Er ist ein niederländischer Fußballspieler und gilt als einer der besten Innenverteidiger der Welt.

Van Dijk begann seine Karriere beim FC Groningen. Dort debütierte er 2011. 2013 wechselte er zu Celtic Glasgow, gewann zwei Meistertitel und wurde einer der besten Verteidiger der Liga. 2015 dann der Wechsel in die englische Premier League, wo er für Southampton spielte. Seine körperliche Stärke und die Fähigkeit das Spiel von hinten aufzubauen brachten ihm schließlich einen Wechsel zum Liverpool FC im Januar 2018 ein. Die Ablösesumme von rund 75 Millionen Pfund machte ihn zum teuersten Verteidiger der Welt.

Van Dijk spielte bei Liverpool und wurde dort schnell ein wichtiger Spieler. In der Saison 2018/19 führte er das Team zur Champions League. Im Finale besiegte Liverpool Tottenham Hotspur mit 2:0. In dieser Saison wurde er Zweiter bei der Wahl zum Ballon d'Or 2019. Lionel Messi war besser. Ein weiterer Höhepunkt war der Gewinn der Premier League mit Liverpool in der Saison 2019/20.

Van Dijk hat auch als Kapitän der niederländischen Nationalmannschaft überzeugt. Er hat die Niederlande 2019 ins Finale der UEFA Nations League geführt und ist eine wichtige Stütze in der Defensive seines Landes.

QUIZ

Welche Rückennummer trägt Virgil van Dijk bei Liverpool?

- ○ 4
- ○ 3
- ○ 5
- ○ 6

GWelche bedeutende individuelle Auszeichnung gewann Virgil van Dijk in der Premier League Saison 2018/2019?

- ○ PFA Spieler des Jahres
- ○ FIFA Weltfußballer des Jahres
- ○ Premier League Golden Boot
- ○ FWA Fußballer des Jahres

Welchen Spitznamen trägt Virgil van Dijk aufgrund seiner beeindruckenden physischen Erscheinung und seiner dominanten Spielweise?

- ○ Der Fels
- ○ Der Gigant
- ○ Der Titan
- ○ Der Koloss

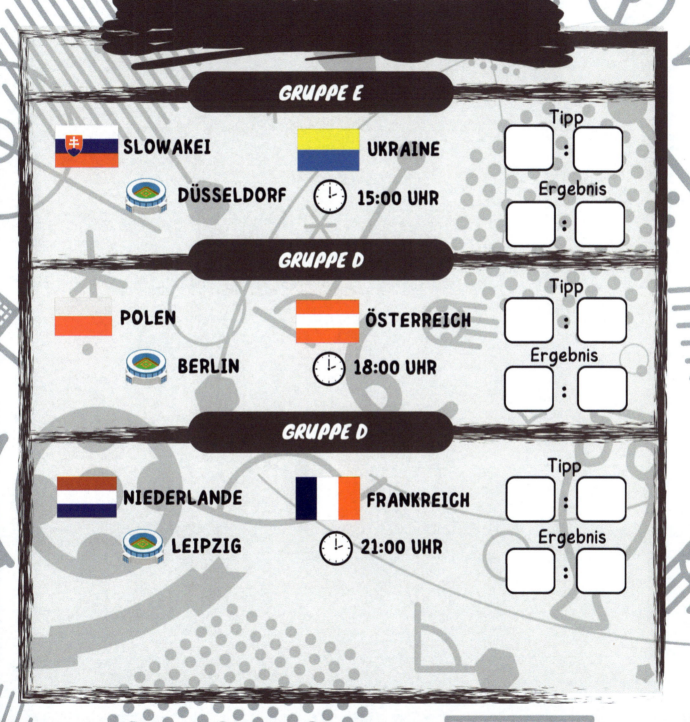

22.06.2024

Das zweitschnellste Tor in der Geschichte der UEFA Europameisterschaft wurde am 18. Juni 2004 im Viertelfinalspiel zwischen Tschechien und Deutschland erzielt. Jan Koller, der tschechische Stürmer, traf bereits nach 49 Sekunden mit einem Kopfball.

Quiz:

Doch welcher Spieler erzielte das schnellste Tor in der Geschichte der UEFA-Europameisterschaft?

- ◯ Dimitri Kirichenko
- ◯ Hristo Stoichkov
- ◯ Robbie Brady
- ◯ Michel Platini

CRISTIANO RONALDO

CR7 "SIUUUUUU"

Cristiano Ronaldo wurde am 5. Februar 1985 auf Madeira geboren. Er ist einer der besten Fußballer aller Zeiten. Er hat viele Rekorde gebrochen und viele Trophäen gewonnen. Ronaldo hat bei Sporting Lissabon angefangen. Dort hat er schnell gezeigt, was er kann. 2003 wechselte Ronaldo zu Manchester United. Dort wurde er von Sir Alex Ferguson trainiert. Während seiner Zeit bei Manchester United gewann er drei Mal die englische Meisterschaft, einmal die Champions League und viele andere Auszeichnungen. Im Jahr 2008 wurde er zum besten Fußballer der Welt gewählt.

Im Jahr 2009 wechselte er zu Real Madrid. Dort wurde er zu einer Legende des Vereins und des Fußballs. Bei Real Madrid schoss er in neun Jahren 450 Tore in 438 Spielen und gewann viermal die Champions League. Während seiner Zeit in Madrid bekam er vier weitere Ballon d'Or-Auszeichnungen. 2018 wechselte er zu Juventus Turin. Auch bei Juventus Turin traf er weiter viele Tore und führte die Mannschaft zu weiteren Titeln in der Serie A.

Ronaldo hat nicht nur mit seinem Verein Erfolge gefeiert, sondern auch mit der portugiesischen Nationalmannschaft. Er hat sein Team zum Sieg bei der UEFA-Europameisterschaft 2016 geführt. Das war der erste große internationale Titel für Portugal.

QUIZ FRAGEN

Wie viele Tore erzielte Cristiano Ronaldo in seiner gesamten Karriere für die portugiesische Nationalmannschaft?

- ○ 100 Tore
- ○ 180 Tore
- ○ 120 Tore
- ○ 150 Tore

Welcher Verein war Cristiano Ronaldo's vorletzter Club vor seinem Wechsel zu Manchester United im Jahr 2021?

- ○ Real Madrid
- ○ FC Barcelona
- ○ Sporting Lissabon
- ○ Juventus Turin

In welchem Jahr erzielte Cristiano Ronaldo sein erstes Tor für die portugiesische Nationalmannschaft?

- ○ 2002
- ○ 2008
- ○ 2004
- ○ 2006

GRUPPENSPIELE

GRUPPE F

 GEORGIEN   TSCHECHIEN

 HAMBURG   15:00 UHR

Tipp :

Ergebnis :

GRUPPE F

 TÜRKEI   PORTUGAL

 DORTMUND   18:00 UHR

Tipp :

Ergebnis :

GRUPPE E

 BELGIEN   RUMÄNIEN

 KÖLN   21:00 UHR

Tipp :

Ergebnis :

23.06.2024

Deutsche Fußballspieler haben bei Europameisterschaften viele Spiele bestritten und dabei gut gespielt. Seit 1960 haben deutsche Spieler viel für die Erfolge der Nationalmannschaft getan und dabei Rekorde aufgestellt.

Von Franz Beckenbauer, Gerd Müller und Uwe Seeler bis zu Philipp Lahm, Bastian Schweinsteiger und Thomas Müller haben deutsche Spieler bei Europameisterschaften gewonnen.

Quiz:

Doch welcher deutsche Nationalspieler hat bisher die meisten Spiele bei Europameisterschaften?

- ◯ Thomas Müller
- ◯ Bastian Schweinsteiger
- ◯ Miroslav Klose
- ◯ Lothar Matthäus

"DIE MANNSCHAFT" DEUTSCHLAND

MEISTER DER DISZIPLIN UND FAIRNESS

Die deutsche Nationalmannschaft, auch bekannt als "Die Mannschaft", ist eine der erfolgreichsten und angesehensten Fußballmannschaften der Welt. Sie zeichnet sich durch ihre beeindruckende Geschichte, ihre taktische Disziplin und ihre Fähigkeit aus, in entscheidenden Momenten zu bestehen.

Die Mannschaft hat eine reiche Tradition bei internationalen Turnieren, darunter Weltmeisterschaften und Europameisterschaften. Zu ihren größten Erfolgen zählen vier FIFA Weltmeistertitel (1954, 1974, 1990, 2014) und drei UEFA Europameisterschaftstitel (1972, 1980, 1996). Diese Triumphe spiegeln die bemerkenswerte Qualität und Kontinuität wider, die die deutsche Nationalmannschaft über die Jahre gezeigt hat.

Was die Mannschaft auszeichnet, ist ihre Fähigkeit, sich in entscheidenden Momenten zu behaupten und unter Druck zu spielen. Ihr berühmter Teamgeist, ihre taktische Vielseitigkeit und ihre Fähigkeit, verschiedene Spielstile anzupassen, haben sie zu einer der gefürchtetsten Mannschaften im internationalen Fußball gemacht.

QUIZ
FRAGEN

Wer war der Trainer der deutschen Nationalmannschaft beim Gewinn der FIFA-Weltmeisterschaft 2014?

- ○ Joachim Löw
- ○ Franz Beckenbauer
- ○ Jürgen Klinsmann
- ○ Oliver Bierhoff

Gegen welches Team erzielte Thomas Müller sein erstes Länderspieltor für die deutsche Nationalmannschaft?

- ○ Frankreich
- ○ Argentinien
- ○ Italien
- ○ Belgien

Gegen welche Mannschaft gewann Deutschland das Finale der FIFA-Weltmeisterschaft 1990?

- ○ Brasilien
- ○ Frankreich
- ○ Argentinien
- ○ Italien

GRUPPENSPIELE

GRUPPE A

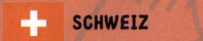 SCHWEIZ   DEUTSCHLAND

Tipp

 FRANKFURT   21:00 UHR

Ergebnis

GRUPPE A

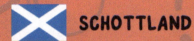 SCHOTTLAND   UNGARN

Tipp

 STUTTGART   21:00 UHR

Ergebnis

24.06.2024

Die diesjährige Fußball Europameisterschaft ist die 17. Austragung des Turniers. Es gab viele unterschiedliche Sieger bisher in diesen Turnieren.

Quiz:

Doch welches Land hat die UEFA Europameisterschaft am häufigsten gewonnen?

- ◯ Spanien
- ◯ Frankreich
- ◯ Deutschland
- ◯ Italien

PEDRI

MEISTER DER BALLKONTROLLE UND SPIELINTELLIGENZ

Pedro González López, genannt Pedri, ist ein spanischer Fußballspieler. Er ist sehr talentiert, hat eine gute Spielintelligenz und kann gut Fußball spielen. Er wurde am 25. November 2002 auf den Kanarischen Inseln geboren. Pedri hat schon als Kind gut Fußball gespielt.

Pedri ist ein sehr guter Fußballspieler. Er kann den Ball gut kontrollieren, hat ein gutes Spielverständnis und kann das Spiel gut lesen und lenken. Er ist sehr talentiert und kann gut Tore schießen und seine Mitspieler in Szene setzen. Pedri ist noch sehr jung, aber auf dem Platz schon sehr reif. Er spielt mutig und arbeitet hart.

Er hat schon viel erreicht. Er spielte bei der UEFA-Europameisterschaft 2020 für Spanien. Er war einer der besten Spieler des Turniers. Spanien kam bis ins Halbfinale. Außerdem hat er sich bei seinem Verein, dem FC Barcelona, durchgesetzt. Er ist jetzt ein wichtiger Spieler und zeigt, was er kann. Pedri ist noch jung, aber er ist schon jetzt ein vielversprechendes Talent im spanischen Fußball.

QUIZ

Welcher spanische Spieler hält den Rekord für die meisten Länderspieleinsätze für die Nationalmannschaft?

- ○ Sergio Ramos
- ○ Xavi
- ○ Iker Casillas
- ○ Sergio Busquets

Welcher Jugendverein war Pedris erster Verein?

- ○ FC Barcelona
- ○ Alvaro Morata
- ○ Real Madrid
- ○ UD Las Palmas

Gegen welche Mannschaft gewann Spanien das Finale der UEFA Nations League 2023?

- ○ Serbien
- ○ Frankreich
- ○ Kroatien
- ○ Deutschland

GRUPPENSPIELE

GRUPPE B

 KROATIEN **ITALIEN**

 LEIPZIG 21:00 UHR

Tipp

Ergebnis

GRUPPE B

 ALBANIEN **SPANIEN**

 DÜSSELDORF 21:00 UHR

Tipp

Ergebnis

25.06.2024

Heute trifft Polen auf die französische Nationalmannschaft mit vielen Weltstars und einem hohen Marktwert. Hoffentlich kann Polens Top Scorer Robert Lewandowski seiner Nationalmannschaft heute ein bisschen weiterhelfen.

Quiz:

Wie oft erreicht Polen bisher in einer Fußball Europameisterschaft das Viertelfinale?

○ Einmal
○ Zweimal
○ Dreimal
○ Viermal

ROBERT LEWANDOWSKI

"Lewangoalski" der Torschützenkönig

Robert Lewandowski, geboren am 21. August 1988 in Warschau, Polen, ist einer der besten und erfolgreichsten Stürmer des modernen Fußballs. Er hat herausragende Fähigkeiten, eine beeindruckende Torquote und ist ein echtes Führungstalent. Lewandowski ist torgefährlich, hat eine gute Technik, trifft oft mit dem Fuß und mit dem Kopf. Deshalb trägt er auch den Spitznamen "Lewangoalski".

Er begann seine Karriere in Polen. Er spielte für Znicz Pruszków und Lech Posen. 2010 wechselte er zu Borussia Dortmund in die deutsche Bundesliga. Dort wurde er unter Trainer Jürgen Klopp zu einem der besten Stürmer der Liga. Er gewann zweimal die deutsche Meisterschaft und den DFB-Pokal.

2014 wechselte Lewandowski zum FC Bayern München. Dort gewann er viele Titel, darunter mehrfach die deutsche Meisterschaft, den DFB-Pokal und die UEFA Champions League. In der Champions-League-Saison 2019/2020 war er der beste Torschütze des Wettbewerbs und hat mit Bayern München den Sextupel (sechs Titel in einem Jahr) gewonnen. Außerdem wurde er 2020 und 2021 zum FIFA-Weltfußballer des Jahres gewählt.

Lewandowski ist nicht nur ein erfolgreicher Spieler in seinem Verein, sondern auch Kapitän der polnischen Nationalmannschaft. Er spielte mit Polen bereits in WM und EM Turnieren.

QUIZ

Wie viele Tore erzielte Robert Lewandowski in nur neun Minuten, als er 2015 gegen den VfL Wolfsburg spielte und damit einen Guinness-Weltrekord aufstellte?

- ○ 3
- ○ 6
- ○ 4
- ○ 5

Wie viele Tore erzielte Robert Lewandowski in der Bundesliga-Saison 2020/2021, womit er den Rekord für die meisten Tore in einer Saison brach?

- ○ 29
- ○ 45
- ○ 34
- ○ 41

Welchen bedeutenden Meilenstein erreichte Robert Lewandowski in der Champions League Saison 2019/2020 mit dem FC Bayern München?

- ○ Er wurde der jüngste Torschütze
- ○ Er gewann die Champions League und wurde Torschützenkönig
- ○ Er erzielte 4 Tore in einem Spiel
- ○ Er spielte in allen Positionen eines Spiels

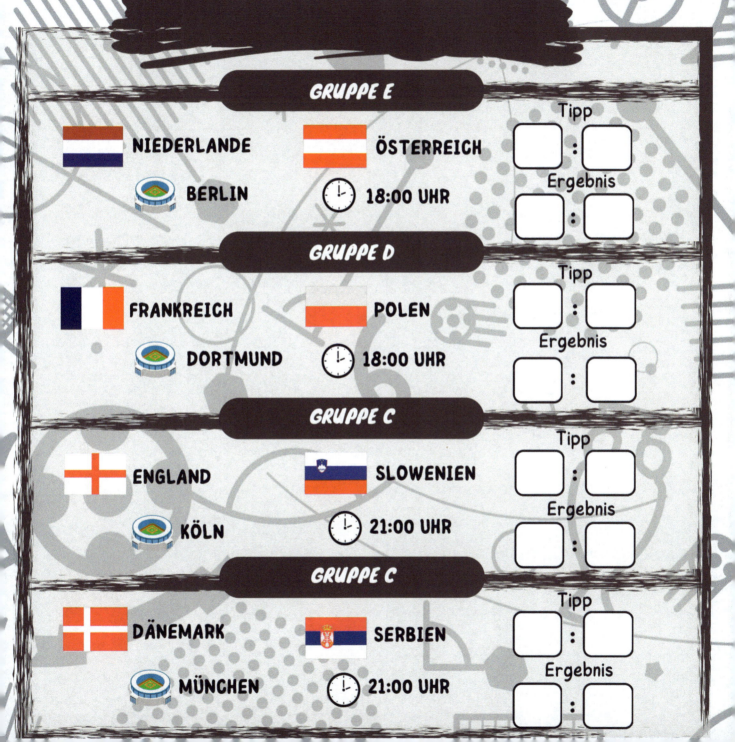

26.06.2024

In der Geschichte der Europameisterschaften gab es schon viele Überraschungen, aber eine war ganz besonders. Am 04. Juli 2004 besiegte Griechenland mit dem deutschen Trainer Otto Rehhagel überraschend den Gastgeber der EM mit 1:0.

Quiz:

Welches Land erreichte das Finale der UEFA Euro 2004 als Gastgeber und verlor überraschend gegen Griechenland?

- ⭘ Deutschland
- ⭘ Frankreich
- ⭘ Portugal
- ⭘ Italien

KEVIN DE BRUYNE

MEISTER DES PRÄZISEN SPIELS UND DER KREATIVEN SPIELGESTALTUNG

Kevin De Bruyne, der am 28. Juni 1991 im belgischen Drongen geboren wurde, zählt zu den bedeutendsten Fußballspielern der heutigen Zeit. Seine außergewöhnlichen Spielmacherfähigkeiten und seine Anwesenheit auf dem Spielfeld haben ihn zu einem wichtigen Bestandteil der besten Mannschaften des Weltfußballs gemacht.

De Bruynes Karriere startete in Belgien und spielte dort für die KRC Genk. Seine Talente und eindrucksvollen Leistungen führten ihn rasch auf die Radarschirme der europäischen Topklubs. 2012 wechselte er in die englische Premier League zum FC Chelsea, konnte sich aber nicht ganz durchsetzen und wurde dann an den VfL Wolfsburg ausgeliehen.

Sein Durchbruch kam allerdings im Jahr 2015, als er nach Manchester City zog. De Bruyne wuchs unter Trainer Pep Guardiola zu einem der weltbesten Mittelfeldspieler heran. Seine exakten Pässe, sein Können bei der Vorbereitung von Toren und sein Blick auf den letzten Pass machten ihn zu einem unverzichtbaren Teil von Man City.

Die größten Erfolge von De Bruyne ergeben sich nicht nur im Club, sondern auch international. Er spielt eine entscheidende Rolle in der belgischen Nationalmannschaft als diese das Halbfinale der FIFA-Weltmeisterschaft 2018 unter seiner Leitung erreichte. Sie beendeten das Turnier auf Platz drei.

QUIZ FRAGEN

Wie viele Assists erzielte Kevin De Bruyne in der Premier League-Saison 2019/2020, womit er den Rekord für die meisten Assists in einer Saison brach?
- ○ 16
- ○ 20
- ○ 22
- ○ 26

Wie viele Tore erzielte Kevin De Bruyne in der UEFA Champions League-Saison 2020/2021?
- ○ 3
- ○ 5
- ○ 7
- ○ 10

Wie viele Premier League-Titel hat Kevin De Bruyne mit Manchester City gewonnen?
- ○ 1
- ○ 2
- ○ 3
- ○ 4

GRUPPENSPIELE

GRUPPE E

 SLOWAKEI RUMÄNIEN

 FRANKFURT 18:00 UHR

Tipp
:
Ergebnis
:

GRUPPE E

 UKRAINE BELGIEN

 STUTTGART 18:00 UHR

Tipp
:
Ergebnis
:

GRUPPE F

 GEORGIEN PORTUGAL

 HAMBURG 21:00 UHR

Tipp
:
Ergebnis
:

GRUPPE F

 TSCHECHIEN TÜRKEI

 GELSENKIRCHEN 21:00 UHR

Tipp
:
Ergebnis
:

GRUPPENTABELLEN

GRUPPE A

Position	Team	Tordiff.	Punkte
1.			
2.			
3.			
4.			

GRUPPENTABELLEN

GRUPPE B

Position	Team	Tordiff.	Punkte
1.			
2.			
3.			
4.			

GRUPPENTABELLEN

GRUPPE C

Position	Team	Tordiff.	Punkte
1.			
2.			
3.			
4.			

GRUPPENTABELLEN

GRUPPE D

Position	Team	Tordiff.	Punkte
1.			
2.			
3.			
4.			

GRUPPENTABELLEN

GRUPPE E

Position	Team	Tordiff.	Punkte
1.			
2.			
3.			
4.			

GRUPPENTABELLEN

GRUPPE F

Position	Team	Tordiff.	Punkte
1.			
2.			
3.			
4.			

29.06.2024
ACHTELFINALE

2. Gruppe A — **2. Gruppe B**
BERLIN — 18:00 UHR

Tipp: ☐ : ☐
Ergebnis: ☐ : ☐

1. Gruppe A — **2. Gruppe C**
DORTMUND — 21:00 UHR

Tipp: ☐ : ☐
Ergebnis: ☐ : ☐

01.07.2024
ACHTELFINALE

2. Gruppe D — **2. Gruppe E**
🏟 DÜSSELDORF 🕒 18:00 UHR

Tipp
☐ : ☐
Ergebnis
☐ : ☐

1. Gruppe F — **3. Gruppe A/B/C**
🏟 FRANKFURT 🕒 21:00 UHR

Tipp
☐ : ☐
Ergebnis
☐ : ☐

02.07.2024
ACHTELFINALE

1. Gruppe E — **3. Gruppe A/B/C/D**

 MÜNCHEN 18:00 UHR

Tipp :

Ergebnis :

1. Gruppe D — **2. Gruppe F**

 LEIPZIG 21:00 UHR

Tipp :

Ergebnis :

05.07.2024
VIERTELFINALE

Sieger Achtelfinale 4	Sieger Achtelfinale 2
🏟️ **STUTTGART**	🕐 **18:00 UHR**

Tipp: ☐ : ☐

Ergebnis: ☐ : ☐

Sieger Achtelfinale 6	Sieger Achtelfinale 5
🏟️ **HAMBURG**	🕐 **21:00 UHR**

Tipp: ☐ : ☐

Ergebnis: ☐ : ☐

06.07.2024 VIERTELFINALE

Sieger Achtelfinale 3 — DÜSSELDORF

Sieger Achtelfinale 1 — 18:00 UHR

Tipp: ☐ : ☐

Ergebnis: ☐ : ☐

Sieger Achtelfinale 7 — BERLIN

Sieger Achtelfinale 8 — 21:00 UHR

Tipp: ☐ : ☐

Ergebnis: ☐ : ☐

09.07.2024
HALBFINALE

Sieger Viertelfinale 1   Sieger Viertelfinale 2

 MÜNCHEN   21:00 UHR

Tipp :

Ergebnis :

10.07.2024
HALBFINALE

Tipp

Sieger Viertelfinale 4   Sieger Viertelfinale 3

 DORTMUND   21:00 UHR

Ergebnis

14.07.2024
FINALE

Sieger Halbfinale 1 — Sieger Halbfinale 2

 BERLIN   21:00 UHR

Tipp
 :

Ergebnis
 :

WER WURDE EUROPAMEISTER

Sieger Finale

LÖSUNGEN

Wie oft wurde Deutschland bereits Europameister?
B) Drei mal

Welchen Spitznamen hat Manuel Neuer aufgrund seiner Spielweise als mitspielender Torwart erhalten?
C) Sweeper Keeper

Welchen Preis gewann Manuel Neuer im Jahr 2020 als bester Torhüter der Welt?
B) FIFA Welttorhüter des Jahres

In welchem Jahr wurde Manuel Neuer zum Kapitän der deutschen Nationalmannschaft ernannt?
D) 2016

Welches Team hält den Rekord für die längste Serie von aufeinanderfolgenden Europameisterschaftssiegen?
B) Spanien

In welchem Jahr trug die italienische Nationalmannschaft erstmals das blaue Trikot, das ihnen den Spitznamen "Azzurri" einbrachte?
B) 1911

Welcher italienische Torhüter hielt 2020 den Rekord für die meisten Länderspiele für die italienische Nationalmannschaft?
B) Gianluigi Buffon

Gegen welche Mannschaft hat Italien im Finale der UEFA-Europameisterschaft 2020 gewonnen?
A) England

In welchem Jahr fand die erste UEFA-Europameisterschaft mit einer erweiterten Teilnehmerzahl von 16 auf 24 Mannschaften statt?
C) 2016

LÖSUNGEN

In welchem Jahr debütierte Harry Kane in der Premier League für Tottenham Hotspur?
B) 2014

Für welche Jugendakademie spielte Harry Kane, bevor er zu Tottenham Hotspur wechselte?
A) Arsenal

Wie heißt die Stiftung, die Harry Kane ins Leben gerufen hat?
B) Harry Kane Foundation

In welchem Jahr fand die erste UEFA-Europameisterschaft statt?
B) 1960

Welches Tor erzielte Kylian Mbappé im Finale der FIFA-Weltmeisterschaft 2018 gegen Kroatien?
B) Das zweite Tor des Spiels

Gegen welchen Verein erzielte Kylian Mbappé sein erstes Champions-League-Tor?
B) Borussia Dortmund

Wie alt war Kylian Mbappé, als er sein erstes Tor für die französische Nationalmannschaft erzielte?
B) 18 Jahre

Wer hält den Rekord für die meisten Tore in der Geschichte der UEFA-Europameisterschaft?
A) Cristiano Ronaldo

Welcher Spieler erzielte das entscheidende Tor für die türkische Nationalmannschaft im Viertelfinale der UEFA Euro 2008 gegen Kroatien, dass sie ins Elfmeterschießen brachte?
B) Nihat Kahveci

LÖSUNGEN

In welchem Jahr debütierte Harry Kane in der Premier League für Tottenham Hotspur?
B) 2014

Für welche Jugendakademie spielte Harry Kane, bevor er zu Tottenham Hotspur wechselte?
A) Arsenal

Wie heißt die Stiftung, die Harry Kane ins Leben gerufen hat?
B) Harry Kane Foundation

In welchem Jahr fand die erste UEFA-Europameisterschaft statt?
B) 1960

Welches Tor erzielte Kylian Mbappé im Finale der FIFA-Weltmeisterschaft 2018 gegen Kroatien?
B) Das zweite Tor des Spiels

Gegen welchen Verein erzielte Kylian Mbappé sein erstes Champions-League-Tor?
B) Borussia Dortmund

Wie alt war Kylian Mbappé, als er sein erstes Tor für die französische Nationalmannschaft erzielte?
B) 18 Jahre

Wer hält den Rekord für die meisten Tore in der Geschichte der UEFA-Europameisterschaft?
A) Cristiano Ronaldo

Welcher Spieler erzielte das entscheidende Tor für die türkische Nationalmannschaft im Viertelfinale der UEFA Euro 2008 gegen Kroatien, dass sie ins Elfmeterschießen brachte?
B) Nihat Kahveci

LÖSUNGEN

Wer ist der Rekordtorschütze der türkischen Nationalmannschaft?
A) Hakan Şükür

Bei welcher Europameisterschaft erzielte die türkische Nationalmannschaft ihr bestes Ergebnis nach 2008?
B) 2016

Doch welchen Rekorden stellte die UEFA Euro 2020 noch auf?
C) Die meisten Elfmeter bei einer EM

Thomas Müller hält den Rekord für die meisten Torvorlagen in der UEFA-Champions League die es je gab. Wie viele Torvorlagen waren es?
B) 9

Gegen welches Team erzielte Thomas Müller sein erstes Länderspieltor für die deutsche Nationalmannschaft?
D) Argentinien

In welchem Jahr debütierte Thomas Müller in der ersten Mannschaft des FC Bayern München?
C) 2008

Welches Land gewann die UEFA-Europameisterschaft 1992 durch einen überraschenden Sieg, nachdem es kurzfristig für Jugoslawien einspringen musste?
B) Dänemark

LÖSUNGEN

Welcher spanische Spieler hält den Rekord für die meisten Länderspieleinsätze für die spanische Nationalmannschaft?
A) Sergio Ramos

Welcher spanische Spieler erzielte die meisten Tore für die Nationalmannschaft?
C) David Villa

Gegen welche Mannschaft gewann Spanien das Finale der UEFA Nations League 2023?
B) Kroatien

Wer wurde als bester Spieler der UEFA-Europameisterschaft 2000 ausgezeichnet?
A) Zinedine Zidane

Welche Rückennummer trägt Virgil van Dijk bei Liverpool?
A) 4

Welche bedeutende individuelle Auszeichnung gewann Virgil van Dijk in der Premier League Saison 2018/2019?
A) PFA Spieler des Jahres

Welchen Spitznamen trägt Virgil van Dijk aufgrund seiner beeindruckenden physischen Erscheinung und seiner dominanten Spielweise?
A) Der Fels

Welcher Spieler erzielte das schnellste Tor in der Geschichte der UEFA-Europameisterschaft?
A) Dimitri Kirichenko

LÖSUNGEN

Wie viele Tore erzielte Cristiano Ronaldo in seiner gesamten Karriere für die portugiesische Nationalmannschaft?
A) 100 Tore

Welcher Verein war Cristiano Ronaldo's vorletzter Club vor seinem Wechsel zu Manchester United im Jahr 2021?
A) Real Madrid

In welchem Jahr erzielte Cristiano Ronaldo sein erstes Tor für die portugiesische Nationalmannschaft?
B) 2004

Doch welcher deutsche Nationalspieler hat bisher die meisten Spiele bei Europameisterschaften?
B) Bastian Schweinsteiger

Wer war der Trainer der deutschen Nationalmannschaft beim Gewinn der FIFA-Weltmeisterschaft 2014?
A) Joachim Löw

Gegen welche Mannschaft gewann Deutschland das Finale der FIFA-Weltmeisterschaft 1990?
B) Argentinien

Doch welches Land hat die UEFA-Europameisterschaft am häufigsten gewonnen?
C) Deutschland

Wie oft erreicht Polen bisher in einer Fußball Europameisterschaft das Viertelfinale?
A) Einmal

LÖSUNGEN

Wie viele Tore erzielte Robert Lewandowski in der Bundesliga-Saison 2020/2021, womit er den Rekord für die meisten Tore in einer Saison brach?
C) 41

Wie viele Tore erzielte Robert Lewandowski in nur neun Minuten, als er 2015 gegen den VfL Wolfsburg spielte und damit einen Guinness-Weltrekord aufstellte?
C) 5

Welches Land erreichte das Finale der UEFA Euro 2004 als Gastgeber und verlor überraschend gegen Griechenland?
C) Portugal

Wie viele Assists erzielte Kevin De Bruyne in der Premier League-Saison 2019/2020, womit er den Rekord für die meisten Assists in einer Saison brach?
D) 26

Wie viele Tore erzielte Kevin De Bruyne in der UEFA Champions League-Saison 2020/2021?
B) 5

Wie viele Premier League-Titel hat Kevin De Bruyne mit Manchester City gewonnen?
B) 2

IMPRESSUM

© Tobias Kramer

Das Werk ist urheberrechtlich geschützt. Jede Verwendung ohne die ausschließliche Erlaubnis des Autors ist untersagt. Dies gilt insbesondere für Vervielfältigung, Verwertung, Übersetzung und die Einspeicherung und Verarbeitung in elektronischen Systemen.

ISBN: 979-8324735425

Originalausgabe

Erste Auflage 2024

Kontakt: Simon Röhrl / Kirchfeldstraße 6 / 94551 Lalling

Covergestaltung: Danieloart, www.danieloart.com
Satz und Layout: Simon Röhrl

Alle Rechte vorbehalten. Vervielfältigung auch auszugsweise, nur mit schriftlicher Genehmigung des Verlages.

Printed in Poland
by Amazon Fulfillment
Poland Sp. z o.o., Wrocław